Fuentes primarias de la expansión hacia el Oeste

Los asentamientos y la expansión de la frontera

Alison Morretta

Traducción de Christina Green

Cavendish Square
New York

Published in 2018 by Cavendish Square Publishing, LLC
243 5th Avenue, Suite 136, New York, NY 10016

First Edition

Website: cavendishsq.com

CPSIA Compliance Information: Batch #CS16CSQ

All websites were available and accurate when this book was sent to press.

Library of Congress Cataloging-in-Publication Data
Names: Morretta, Alison, author.
Title: Los asentamientos y la expansión de la frontera / Alison Morretta, translated by Christina Green.
Description: New York : Cavendish Square Publishing, [2018] | Series: Fuentes primarias de la expansión hacia el Oeste | Includes bibliographical references and index.
Identifiers: LCCN 2016058846 (print) | LCCN 2017000096 (ebook) |
ISBN 9781502628978 (library bound) | ISBN 9781502628985 (E-book)
Subjects: LCSH: Frontier and pioneer life--West (U.S.)--Juvenile literature.
| Pioneers--West (U.S.)--History--19th century--Juvenile literature. |
West (U.S.)--History--1848-1860--Juvenile literature. | West
(U.S.)--History--1860-1890--Juvenile literature. | United
States--Territorial expansion--Juvenile literature.
Classification: LCC F596 .M6848 2018 (print) | LCC F596 (ebook) | DDC
978/.02--dc23
LC record available at https://lccn.loc.gov/2016058846

Editorial Director, Spanish: Nathalie Beullens-Maoui
Translator: Christina Green
Editor, Spanish: María Cristina Brusca
Editorial Director, English: David McNamara
Editor, English: Fletcher Doyle
Copy Editor, English: Nathan Heidelberger
Associate Art Director: Amy Greenan
Designer: Raúl Rodriguez
Production Coordinator: Karol Szymczuk
Photo Research: J8 Media

The photographs in this book are used by permission and through the courtesy of: Cover, David F. Barry/NARA/File: Chief Gall-NARA.jpg/Wikimedia Commons/Public Domain; pp. 4, 6, 10, 24, 28-29 MPI/Archive Photos/Getty Images; p. 9 Ann Ronan Pictures/Print Collector/Getty Images; p. 11 Beyond My Ken, own work/File: Second Bank of the United States front.jpg/Wikimedia Commons/CCA-SA 4.0 International; p. 13 P.S. Duval & Co., c1801 Library of Congress Prints and Photographs Division; p. 17 Unknown/File: Stephen Fuller Austin.jpg/Wikimedia Commons/CCA 2.0 Generic; pp.19, 37 Everett Historical/Shutterstock.com; p. 22 Alfred J. Miller/Exploring the West by Hermann J. Viola/File: Green River meeting.jpg /Wikimedia Commons/Public Domain; p. 26 North Wind Picture Archives; p. 30 Karl Bodmer/File: A Stop; Evening Bivouac by Karl Bodmer 1833.jpg/Wikimedia Commons/Public Domain; pp. 33, 53 Bettmann/Getty Images; p. 34 Hulton Archive/Getty Images; p. 36 NARA/File: Freeman homestead-certificate.jpg - Wikimedia Commons/Public Domain; p. 41 (HABS)Library of Congress Prints and Photographs Division/File: Photocopy of Historic Photograph, Photographer and Date Unknown- Early area homestead, Nicodemus Historic Download District, Nicodemus, Graham County, KS HABS KANS,33-NICO,1-6.tif/Wikimedia Commons/Public Domain; p. 43 Author Unknown/NARA/File: Photograph of A Woman with a Hay Stack - NARA - 7829555.jpg /Wikimedia Commons/Public Domain; p. 47 Photographer unknown/http://www.readthespirit.com/explore/ecotheology/index.html/File: 1890s Carlisle Boarding School Graduates PA.jpg/Wikimedia Commons/Public Domain; p. 49 Barney Hillerman/Underwood Archives/Getty Images; p. 50 United States Department of the Interior/File: Indian Land for Sale.jpg/Wikimedia Commons/Public Domain; p. 50 Photographer Unknown, circa 1870/Burton Historical Collection, Detroit Public Library/File: Bison skull pile-restored.jpg/ Wikimedia Commons/Public Domain.

Printed in the United States of America

CONTENIDO

INTRODUCCIÓN • 5
La definición del Oeste

CAPÍTULO UNO • 8
La apertura de la frontera

CAPÍTULO DOS • 21
El viaje al Oeste

CAPÍTULO TRES • 32
La vida de los colonos

CAPÍTULO CUATRO • 45
Consecuencias del asentamiento

Cronología • 55

Glosario • 57

Para más información • 59

Bibliografía • 60

Índice • 62

Acerca del autor • 64

Este mapa de Estados Unidos, de 1785, representa el área al oeste de los Grandes Lagos, pero se ve mucho más pequeña de lo que en realidad es. Esto se debe a que el mapa fue elaborado antes de que se realizaran exploraciones científicas y mediciones del Oeste.

INTRODUCCIÓN

La definición del Oeste

Durante el curso de la historia de Estados Unidos, el área definida como la frontera oeste no era un solo lugar sino muchas áreas diferentes. Desde los comienzos de la colonización hasta bien entrado el siglo XIX, la frontera fue una región en constante movimiento, al borde del territorio en el que se asentaron los europeos y, posteriormente, los estadounidenses. En tiempos coloniales, esa frontera era la tierra al oeste de las áreas pobladas de la Costa Este y sus aledaños; y finalmente se extendió hasta más allá de los montes Apalaches. Después de que Estados Unidos lograra su independencia de Gran Bretaña, la población de la nación continuó creciendo y el Gobierno estadounidense dio inicio a un programa de adquisición de tierras en el Oeste que finalmente llegaría hasta las costas del océano Pacífico.

En la primera mitad del siglo XIX, el Gobierno estadounidense adquirió más territorios con la Compra de la Luisiana y la región obtenida por la cesión mexicana. Estos le permitieron a Estados Unidos expandirse hasta el océano Pacífico y abrieron las puertas de todo el continente al asentamiento permanente de los blancos. La primera oleada de emigrantes hacia el Oeste realizó el viaje en carreta, trazando senderos por tierra, hasta llegar al territorio de Oregón, California y Utah, adonde los mormones habían llegado antes de que se convirtiera en territorio estadounidense. **Asentarse** significaba adquirir una extensión de tierra pública para cultivarla y vivir en ella. El asentamiento se autorizaba de diferentes maneras. En 1850, el Congreso aprobó la Ley de Donación de Tierras de Oregón, la cual permitía a los colonos casados reclamar 320 acres (129 hectáreas) en ese territorio.

Las oleadas posteriores de emigrantes se dirigieron hacia el Oeste principalmente debido a la Ley de Asentamientos Rurales, aprobada durante la Guerra Civil, en 1862. Esta ley contemplaba una manera de que los individuos, en su mayoría blancos, alcanzaran junto con sus familias el sueño americano de la tenencia de tierra y la autosuficiencia. Esta ley dio pie

Esta foto de 1886 muestra una familia posando junto a su carreta en Loup Valley, Nebraska, camino a su nuevo hogar.

a una segunda oleada migratoria hacia el Oeste, esta vez a la región de las Grandes Planicies. Esto atrajo a mucha gente a un territorio que había estado despoblado. De acuerdo con la Oficina de Administración de Tierras, durante la época del asentamiento, más de 1.6 millones de personas reclamaron más de 270 millones de acres (109.3 millones de hectáreas). Parte de la tierra reclamada, sin embargo, le había sido otorgada previamente a los nativos americanos.

La vida durante el asentamiento era difícil, especialmente porque la mejor tierra se otorgaba o se vendía a las compañías de ferrocarriles y a otros capitalistas que podían darse el lujo de pagar el precio del boleto. Los colonos no eran dueños de la tierra como tales: se les permitía permanecer en ella, pero debían cumplir con ciertos requisitos antes de que pudiera ser realmente de su propiedad. Además, como la tierra estaba escasamente poblada y había pocas ciudades, la vida podía ser muy solitaria. Muchas familias vivían aisladas y debían aprender a valerse por sí mismas. Y el peligro de ataque de los nativos americanos era real.

En 1890, la Oficina de Censo de Estados Unidos declaró el fin del poblamiento de la frontera estadounidense. Para entonces, Estados Unidos se había extendido de costa a costa y controlaba toda la tierra que hoy día abarcan los 48 estados contiguos. Estados Unidos era una nación mundialmente poderosa, pero al lograr esta meta los euroamericanos arrasaron con casi toda la población indígena de Norteamérica. También pelearon varias guerras en el territorio, causaron un daño devastador en el medioambiente y en la vida salvaje y, al final, crearon una situación en la que el estadounidense promedio no tenía oportunidades frente a los ricos capitalistas. Para la mayoría, el "sueño americano" aún seguía siendo solo un sueño.

CAPÍTULO UNO

La apertura de la frontera

El final del siglo XVIII y el principio del siglo XIX fue una época de grandes cambios en Estados Unidos. Se dio un crecimiento masivo de la población y, del mismo modo, hubo gran afluencia de inmigrantes europeos. La Revolución Industrial transformaba la economía basada en la agricultura en una economía basada en la manufactura. A medida que se extendía el país, se seguía debatiendo si se permitiría la esclavitud en las tierras recientemente adquiridas. El tema de la esclavitud no era el único que impulsaba el asentamiento del Oeste norteamericano. En aquel momento, era una creencia ampliamente generalizada que los estadounidenses blancos protestantes habían sido destinados por Dios para poblar el continente de costa a costa y expandir el cristianismo, la civilización estadounidense y las instituciones democráticas. La creencia común era que el Oeste estaba destinado para que los estadounidenses se asentaran allí.

El crecimiento de la población

La tasa de crecimiento demográfico de Estados Unidos con el cambio de siglo era el motor que impulsaba el asentamiento hacia

Charles Volkmar pintó *Emigración a América*, un cuadro que describe a un grupo de inmigrantes europeos llegando a las costas del continente americano a comienzos de siglo XIX.

el Oeste. La población estadounidense se triplicó entre 1790 y 1830: llegó a haber aproximadamente trece millones de personas viviendo en el territorio. Las familias eran grandes y debido a que solo un hijo (generalmente el primer varón) podía heredar la tierra de la familia, los otros hijos a veces debían mirar hacia el Oeste, hacia tierras de las que pudieran ser dueños.

Hubo un gran número de inmigrantes provenientes del norte de Europa que llegó al continente americano en búsqueda de oportunidades. Muchas de estas personas se mudaron a aéreas urbanas, lo cual provocó la competencia por los puestos de trabajo y la superpoblación. Otros buscaron establecer sus propias comunidades en el Oeste, donde pudieran retener su cultura y tradiciones.

Abundancia de tierras

Hubo un auge en la tenencia de tierras a finales del siglo XVIII e inicios del siglo XIX que atrajo a mucha gente al Territorio del Noroeste (lo que ocupan actualmente Ohio, Indiana, Illinois,

Michigan, Wisconsin y parte de Minnesota). Esta área se creó oficialmente en 1787 mediante la Ordenanza del Noroeste, que establecía un sistema de gobierno y una serie de pasos para que los nuevos territorios se convirtieran en estados. La esclavitud estaba prohibida en el Territorio del Noroeste y en cualquier estado creado a partir del mismo. El primer asentamiento blanco permanente en el Territorio del Noroeste fue Marietta, Ohio, fundado en 1788.

El Gobierno federal, primero, bajo el mando de los federalistas, fomentaba el comercio de tierras en los territorios, ya que la venta de tierras públicas no colonizadas constituía una forma de ingreso. La Ordenanza de Tierras de 1785 creó un método para la venta de tierras públicas a ciudadanos particulares, al igual que un sistema para efectuar mediciones de tales tierras. La tierra se dividió en municipios que medían 6 millas por 6 millas (9.6 kilómetros) y cada uno de ellos comprendía 36 secciones de 1 milla^2 (640 acres o 259 hectáreas cada una), que podían venderse entonces al público en una subasta (excepto por una sección reservada para escuelas públicas). Este sistema, con precios demasiado elevados y superficies demasiado extensas para la mayoría de los ciudadanos, fue diseñado para que los grupos de

Un grabado de principios del siglo XIX muestra el juzgado y la cárcel de Marietta, Ohio, que fue el primer asentamiento blanco permanente en el Territorio del Noroeste.

Parte de la culpa por el pánico financiero de 1819 se atribuyó a la mala gestión del segundo Banco de Estados Unidos, abierto en Filadelfia en 1816.

pobladores provenientes del Este establecieran un fondo común de recursos y formaran nuevas comunidades. Sin embargo, más a menudo, los **especuladores de tierras** (un tipo de empresario de bienes raíces) compraban las propiedades y las vendían obteniendo ganancias.

El sistema de compra de tierras a comienzos del siglo XIX favorecía al especulador más que al granjero. Muchos granjeros pidieron préstamos creyendo que había poco riesgo, ya que la economía basada en la agricultura era bastante fuerte en aquel entonces. Estos pequeños granjeros se dedicaron a **cultivos comerciales**: sembraban un producto único que podían vender fácilmente para asegurar el pago de sus préstamos. Pero esto implicaba un riesgo, ya que dependía de que hubiera una buena cosecha, de que el valor del producto se mantuviera alto y de que los bancos creados para otorgar créditos fueran exitosos. Muchos bancos, sus ahorristas y personas que tenían hipotecas sufrieron graves pérdidas durante el pánico financiero de 1819.

La Compra de la Luisiana

En 1803, la mayor adquisición individual de tierra de la historia de Estados Unidos, la Compra de la Luisiana, se llevó a cabo bajo la administración del presidente Thomas Jefferson. Jefferson mostró desde el principio su apoyo por la expansión hacia el Oeste. Él creía que una nación estadounidense ideal era una sociedad rural y **agraria**; y que el ***yeoman***, o granjero dueño de la tierra, representaba mejor los valores nacionales de libertad e igualdad. Para lograr esta visión, era importante adquirir nuevas tierras de cultivo.

La Compra de la Luisiana duplicó el tamaño de Estados Unidos y dio a sus ciudadanos pleno acceso al río Misisipi y al puerto de Nueva Orleans, ambos de gran importancia comercial. Este vasto nuevo territorio estadounidense se extendía desde el oeste del río Misisipi hasta las montañas Rocallosas, y desde el golfo de México, al sur, hasta Canadá, al norte. Jefferson encargó que se hicieran exploraciones de este nuevo territorio. La primera y más famosa de ellas fue la expedición de Lewis y Clark (1804-1806). El principal objetivo de esta y otras expediciones era encontrar las mejores rutas comerciales, especialmente por agua. También era importante elaborar un mapa y efectuar mediciones del territorio, establecer la presencia estadounidense, recolectar información sobre las tribus nativoamericanas existentes en el territorio y establecer relaciones con ellas.

No todo el mundo apoyó la idea de compra de Jefferson: los federalistas, partido de oposición al Partido Demócrata-Republicano de Jefferson, no respaldaban la expansión más allá del río Misisipi porque creían que extender las fronteras de Estados Unidos debilitaría a la nación y a su propio poder político. Creían que la expansión causaría conflictos con los gobiernos coloniales de España, en el Suroeste; y de Gran Bretaña, en el Noroeste del Pacífico. La expansión desviaría la atención del territorio y haría más difícil controlar y mantener la democracia y los valores estadounidenses (es decir, protestantes blancos) en toda la nación.

El Segundo Gran Despertar

El movimiento religioso conocido como Segundo Gran Despertar, o Segundo Gran Avivamiento, contribuyó enormemente al avance hacia el Oeste. Este movimiento religioso protestante envió a sus ministros a divulgar el cristianismo en la frontera, que era vista como un lugar sin ley y sin dios. El Segundo Gran Despertar se basaba en el concepto de que el individuo cristiano alcanzaba la salvación viviendo una vida moral y realizando buenas acciones. También se basaba en la creencia de que era el deber de todo cristiano divulgar la religión en la nación creciente. Se creía que convertir plenamente al país al protestantismo purificaría Estados Unidos y traería de vuelta a Cristo, marcando el comienzo de mil años de paz; esta creencia se llamó **milenarismo**. Muchos ministros y sus familias se mudaron a la frontera para asegurarse de que el cristianismo protestante viajara también al Oeste junto con los pobladores.

Las reuniones de avivamiento en los campos religiosos llevaron el cristianismo protestante a los territorios recién colonizados de la frontera oeste.

Una economía cambiante

El flujo de inmigrantes europeos en el Noreste durante la Revolución Industrial condujo a un exceso de mano de obra, lo cual redujo a su vez los salarios. Las condiciones de trabajo en las fábricas eran precarias y la paga era baja. A medida que fueron surgiendo más y más fábricas en el Este, se dio un cambio de una economía basada en la agricultura a una basada en los productos manufacturados. Esto requería mejores rutas de transporte para el comercio e impulsó la expansión hacia el Oeste. Inicialmente, el río Misisipi y el puerto de Nueva Orleans fueron las rutas comerciales más importantes del Oeste. Sin embargo, con el paso del tiempo, los nuevos esfuerzos de expansión respondieron al deseo de hallar rutas comerciales transcontinentales que dieran a los negocios del Este acceso a Asia a través de puertos en la costa del Pacífico, al igual que el deseo de estos negocios de expandir sus mercados domésticos.

El Compromiso de Misuri

Cuando Misuri, que apoyaba la esclavitud, solicitó tener la categoría de estado en 1819, la cantidad de estados esclavistas era igual a la de los estados libres (once en cada bando). Si era aceptado en la Unión, Misuri rompería con el equilibrio en el Congreso, en favor de los estados esclavistas. El ingreso de Misuri como estado fue duramente debatido en el Congreso y, en 1820, se llegó a un acuerdo llamado Compromiso de Misuri. Mediante este acuerdo, se admitía a Misuri como estado esclavista y a Maine como estado antiesclavista, lo cual preservaba el equilibrio. También establecía la frontera entre los estados esclavistas y los estados libres en el paralelo 36° 30'. La esclavitud estaba prohibida en todo el territorio de Luisiana situado al norte de esta línea (excepto por Misuri). Esta era una solución a corto plazo, pero se mantuvo durante los siguientes 30 años.

La Doctrina Monroe

Una de las políticas más significativas en los comienzos del XIX fue la Doctrina Monroe, sin la cual la expansión hacia el Oeste no habría sido posible. Para aquel entonces, había partes de lo que es actualmente Estados Unidos continental que estaban todavía bajo el control de las potencias europeas (Gran Bretaña y España), mientras que Rusia reclamaba áreas de Alaska y del Noroeste del Pacífico. Durante su séptimo mensaje anual al Congreso, el 2 de diciembre de 1823, el presidente James Monroe presentó una nueva política exterior. Monroe indicó:

> La ocasión es propicia para afirmar, como un principio que afecta a los derechos e intereses de los Estados Unidos, que los continentes americanos, por la condición de libertad e independencia que han adquirido y mantienen, no deben en lo adelante ser considerados como objetos de colonización futura por ninguna potencia europea… Debemos, por consiguiente, al candor y a las amistosas relaciones existentes entre los Estados Unidos y esas potencias, declarar que consideraremos cualquier intento por su parte de extender su sistema a cualquier porción de este hemisferio como peligroso para nuestra paz y seguridad.

Agregó "que cualquier interferencia europea en las aéreas independientes del continente se consideraría como la manifestación de una predisposición poco amigable hacia Estados Unidos".

Gran Bretaña respaldaba la Doctrina Monroe porque protegía sus intereses comerciales en el Territorio de Oregón en el noroeste del Pacífico. También protegía este territorio de las reclamaciones de Rusia y España. Para la creciente nación estadounidense, la Doctrina Monroe garantizaba que no habría competencia externa para asentarse en el Oeste, dejando a los nativos americanos como los únicos con quienes competirían por las tierras y recursos.

El Destino Manifiesto

A mediados del siglo XIX, el impulso estadounidense de explorar y colonizar nuevas tierras hacia el Oeste recibió el nombre de

(Continúa en la página 18)

La Texas mexicana

Una de las primeras áreas fuera del territorio de la Compra de la Luisiana que se abrió al poblamiento por parte de los euroestadounidenses no sería parte de Estados Unidos durante años. El actual estado de Texas fue parte de la colonia española de Nueva España hasta 1821, hasta que los mexicanos lograron su independencia del Gobierno colonial. México controlaba las tierras que hoy ocupan Texas, Nuevo México, Arizona, Utah, Nevada, California y parte de Colorado y Wyoming. Esta tierra colindaba con la frontera oeste del territorio de la Compra de la Luisiana.

Inicialmente, el Gobierno mexicano incentivó el comercio con Estados Unidos y el establecimiento de estadounidenses en Texas. El llamado sistema de **empresarios** daba a administradores de tierras vastas concesiones de terrenos en la Texas mexicana. Los empresarios eran responsables de llevar colonos estadounidenses a Texas. A cambio, se quedaban con parte del terreno.

México impuso dos reglas: la esclavitud era ilegal y los nuevos pobladores debían ser católicos. Los colonos ignoraron estas reglas. Durante la "fiebre de Texas", en la década de 1820, se mudaron a Texas personas provenientes de los estados vecinos de Luisiana, Alabama y Misisipi. La mayoría eran protestantes y muchos llevaron esclavos. Era común ver las iniciales G.T.T. (en inglés, *Gone to Texas*, que significaba "nos fuimos a Texas") grabadas en las puertas de las casas abandonadas. Muchos simplemente se marchaban a Texas en busca de tierras mejores y más baratas.

La población de *texians* (colonos estadounidenses blancos) se incrementó en decenas de miles en apenas unos años, haciendo que los tejanos (mexicanos nativos) pasaran a ser una minoría en su propia tierra. Pronto los *texians* (y algunos de los tejanos) sintieron deseos de separarse de México.

Después de un conflicto armado con el Gobierno mexicano conocido como la Revolución de Texas (1835–1836), la República de Texas declaró su independencia de

Stephen F. Austin fue el segundo empresario de la Texas mexicana.

México el 2 de marzo de 1836. El ingreso de la República de Texas a la Unión traería consigo un cambio en el equilibro de poder que favorecería al bando esclavista. Esto paralizó la anexión de Texas al Congreso durante casi una década.

Destino Manifiesto. Este término específico fue acuñado por un columnista llamado John O'Sullivan en un artículo que escribió en respaldo a la anexión de Texas en la edición de julio-agosto de 1845 del periódico *United States Magazine and Democratic Review* (aunque algunos historiadores creen que este editorial sin firma, titulado "Annexation", fue escrito por el periodista Jane Cazneau). El párrafo relevante del artículo explicaba que traer Texas a la Unión era:

> ... cumplir nuestro Destino Manifiesto de poblar el continente asignado por la Providencia para el libre desarrollo de nuestros millones [de habitantes] que se multiplican anualmente.

En el artículo del 27 de diciembre de 1845, en el periódico *New York Morning News*, O'Sullivan volvió a usar el término, esta vez en referencia al conflicto con Gran Bretaña por la frontera del territorio de Oregón:

> Atrás quedan esos intrincados asuntos de derechos de descubrimiento, exploración, asentamiento, continuidad, etc. (...) Nuestro reclamo de Oregón será el mejor y más fuerte por el derecho de nuestro Destino Manifiesto de extendernos y poseer todo el continente que la Providencia nos ha dado.

En el concepto de Destino Manifiesto, de acuerdo a la descripción de O'Sullivan y a cómo lo adoptaron los políticos estadounidenses de la época, los estadounidenses blancos protestantes tenían el deber, otorgado por Dios, de poblar todo el continente y sembrar los ideales estadounidenses de democracia y libertad, llevando la "civilización" a los pueblos indígenas del Oeste.

El presidente James K. Polk es el político que se asocia más de cerca con el Destino Manifiesto. El concepto guio sus decisiones en materia de política exterior, incluyendo la anexión de Texas y la subsiguiente guerra con México, al igual que la resolución de la disputa fronteriza por Oregón. En su discurso inaugural del 4 de marzo de 1845, Polk se refirió a

El presidente expansionista James K. Polk llevó a Estados Unidos a la guerra con México.

la anexión, y describió la política exterior de Estados Unidos como una de "paz de uno con otro y con todo el mundo. Ampliar los límites [de Estados Unidos] equivale a extender el dominio de la paz sobre territorios adicionales y sobre los crecientes millones de habitantes". Aconsejó a las potencias extranjeras "considerar la anexión de Texas a Estados Unidos no como la conquista de una nación que trata de extender sus dominios por medio de las armas y de la violencia, sino como la adquisición pacífica de un territorio que en un tiempo fue suyo".

Polk habló luego sobre el poblamiento de Oregón. La primera gran ola de emigrantes al País del Oregón ya venía en camino y Polk había indicado que el reclamo de ese territorio por parte de Estados Unidos era "claro e incuestionable". Elogió a los colonos y afirmó que era responsabilidad del Gobierno de Estados Unidos respaldarlos y protegerlos en su nueva tierra, la cual, según creía, estaba destinada a ser parte de la Unión:

> Nuestros hombres ya se preparan para perfeccionar [el territorio de Oregón] ocupándolo con sus esposas e hijos… Nuestro pueblo, que ha aumentado a muchos millones, ha llenado el valle oriental del Misisipi, ha ascendido con espíritu aventurero hasta donde nace el Misuri y ya se encuentra comprometido con el establecimiento de las bendiciones del autogobierno en los valles

> cuyos ríos fluyen hacia el Pacífico… Tenemos el deber de protegerlo debidamente, dondequiera que esté en nuestras tierras. La jurisdicción de nuestras leyes y los beneficios de nuestras instituciones republicanas debe extenderse sobre ellos, en las distantes regiones que hayan elegido para formar su hogar.

Polk pronto pudo resolver la disputa por Oregón con Gran Bretaña. El Tratado de Oregón de 1846 estableció la frontera en el paralelo 49° al oeste de las montañas Rocallosas (pero excluyendo la isla de Vancouver). El asunto de Texas no se resolvió tan fácilmente, en parte porque Polk ya tenía la mirada más allá de Texas: en California.

La guerra con México

Cuando se admitió a Texas en la Unión, como estado esclavista, en 1845, hubo una disputa con México por la frontera. Estados Unidos reclamaba que su territorio se extendía hasta el río Grande, en el sur; mientras que México afirmaba que la frontera estaba mucho más al norte del mismo río (llamado río Bravo por los mexicanos). Polk quería comprar a México la tierra en disputa, pero su oferta fue rechazada. Los combates se iniciaron cuando Estados Unidos envió tropas a la región fronteriza; Estados Unidos le declaró la guerra a México el 13 de mayo de 1846.

El Tratado de Guadalupe Hidalgo puso fin oficialmente a la guerra mexicano-estadounidense el 2 de febrero de 1848. Estados Unidos acordó pagar a México la cantidad de $15 millones a cambio de más de 500,000 millas^2 (1.3 millones de km^2) de nuevas tierras. Este territorio, llamado la "cesión mexicana", incluía los estados actuales de California, Nevada y Utah, al igual que parte de Nuevo México, Arizona, Colorado y Wyoming. La cesión mexicana constituyó la mayor adquisición de tierra desde la Compra de la Luisiana y, con ella, el sueño de Estados Unidos de extender su territorio de costa a costa se hizo realidad.

CAPÍTULO DOS

El viaje al Oeste

A medida que Estados Unidos iba ocupando más territorio y el Gobierno preparaba el terreno para el asentamiento de pobladores blancos, se establecieron varias rutas importantes para que los emigrantes viajaran hasta las nuevas tierras. Durante la década de 1840, cuando se desplazó la primera gran ola de emigrantes, el trayecto era largo y difícil; pero la promesa de fértiles tierras y ríos repletos de oro del Oeste era algo a lo que muchos que buscaban una mejor vida no podían resistirse.

Los hombres de montaña

El poblamiento del Lejano Oeste no habría sido posible sin los primeros colonos estadounidenses blancos: los llamados *hombres de montaña*, quienes se dirigieron hacia el Oeste poco después de la expedición de Lewis y Clark. Estos hombres utilizaron la información disponible para abrirse camino entre las montañas Rocallosas y el territorio de Oregón, donde trabajaron como tramperos y comerciantes de pieles. Estos hombres emigraron a principios del siglo XIX, y a sus exploraciones se debe gran parte del conocimiento que luego sería usado por los colonos en la Senda de Oregón, una de las principales arterias de migración euroamericana hacia el Lejano Oeste. El comercio de pieles disminuyó debido a la caza excesiva y a que los sombreros de piel de castor pasaron de moda, y muchos de los hombres de montaña se convirtieron en guías para los nuevos emigrantes.

Como guías, estos hombres podían ayudar a los emigrantes en sus encuentros con los nativos americanos. Cuando trabajaban en el comercio de pieles, formaron relaciones con ellos. Había un evento anual llamado ***rendezvous*** (del francés, "cita", "encuentro") en el que se reunían con comerciantes nativoamericanos y representantes de las compañías de pieles para vender e intercambiar provisiones y pieles. Era una ocasión en la que podían reabastecerse, pero también era un festival con entretenimiento, financiado por las compañías

Esta pintura de 1837 de Alfred Jacob Miller describe el último gran *rendezvous* de comerciantes de pieles, tramperos y nativos americanos cerca del río Green en Wyoming.

de pieles. En los *rendezvous*, se daba un nivel de intercambio cultural que no existía fuera de la comunidad del comercio de pieles. Si bien las relaciones entre los colonos europeos y estadounidenses de la región no eran siempre amistosas, los comerciantes de pieles del Noroeste del Pacífico eran quienes tenían las mejores relaciones con los nativos americanos.

La Senda de Oregón

El primer asentamiento blanco en el País del Oregón comenzó en la década de 1830 con la llegada de misioneros protestantes y pronto se expandió. En 1843, el Gobierno envió a un ingeniero, John Charles Frémont, a que realizara un reconocimiento en el área de la Senda de Oregón. El informe de la inspección de Frémont fue un verdadero "*bestseller*" que incluía datos e información práctica para los emigrantes: las ubicaciones de las fuentes de agua, las tierras para el pastoreo de animales y otros consejos. El libro pasó a ser el principal manual para los primeros viajeros.

En la Gran Migración de 1843, aproximadamente 1,000 personas emprendieron un viaje de 2,170 millas (3,492 kilómetros) desde Independence, en Misuri, sobre el río Misisipi, hasta Oregon City en el valle de Willamette. La ruta llevaba a los viajeros de Misuri hasta los actuales estados de Kansas, Nebraska, Wyoming, Idaho y Oregón. Seguía el valle del río Platte, a lo largo de las Grandes Planicies, hasta el Paso Sur a través de las montañas Rocallosas en Wyoming, y luego por el valle del río Snake en Idaho hasta la cordillera de las Cascadas. Allí los colonos debían elegir el camino del paso entre las montañas o continuar por el río Columbia para llegar al valle de Willamette. El viaje tomaba de cuatro a seis meses.

Muchas de estas personas que emigraron a Oregón en los primeros años provenían del Medio Oeste y ya estaban acostumbradas a la vida en la frontera. Después del pánico financiero de 1837, causado por una caída drástica de los precios de los productos agrícolas, continuaron su camino

William Henry Jackson pintó una caravana de carretas en la Senda de Oregón, cerca del cañón conocido como la Puerta del Diablo.

en busca de más y mejores tierras. Se vieron tentados e incentivados por publicaciones que sostenían que en el Oeste abundaban las tierras fértiles. También hubo un movimiento literario en ese entonces, la llamada escuela americana, que popularizó la frontera y con cuyas obras se familiarizarían los emigrantes. El autor James Fenimore Cooper escribió una famosa serie de novelas de aventuras de la frontera, *El último de los mohicanos* (1826), que idealizaba el espíritu estadounidense de entonces. Otra popular novela sobre la frontera fue *Las aventuras del capitán Bonneville* (1837), de Washington Irving.

La ruta de California

Algunos emigrantes de la Senda de Oregón tuvieron un destino final distinto: California. La fiebre del oro atrajo a muchos buscadores a la región y los relatos de valles fértiles atrajeron a otros. Muchos colonos tomaron la Senda de Oregón pero se dirigieron hacia el sur, bien hacia Wyoming o bien hacia Idaho. Las rutas de California eran muy conocidas por los cazadores de pieles desde comienzos de la década de 1800, pero no fue sino hasta la década de 1840 que los emigrantes comenzaron a usarla.

California pasó a ser propiedad de Estados Unidos con la cesión mexicana, en febrero de 1848, alrededor la época en que allí se descubrió oro. El primer informe oficial del descubrimiento de oro provino del coronel del ejército Richard Barnes Mason, quien visitó el aserradero de John Sutter, en donde se había descubierto oro en el río Americano. Su informe de 1848 decía, en parte:

> Digo sin la menor duda que hay más oro en los campos drenados de los ríos Sacramento y San Joaquín que cien veces lo que costará pagar la presente guerra con México. No se requiere capital para conseguir oro, ya que los gambusinos no necesitan más que sus picos y sus palas y un plato de latón con los cuales cavar y lavar la grava, y muchos de ellos sacan oro de las grietas de las rocas con sus cuchillos, en piezas de una a seis onzas [28 a 170 gramos].

Las historias sobre oro abundante y fácil de conseguir atrajeron una inmigración masiva hacia California en 1849. Estos primeros colonos blancos que llegaron a California se conocieron como *los del 49*, en alusión a ese año.

La senda de los mormones

Los mormones estuvieron sometidos a persecución religiosa en el siglo XIX, en parte por la práctica de matrimonios plurales y debido a que tendían a establecerse en grandes números, pues daba origen a una población mayoritaria y a la competencia por los puestos de trabajo y el poder político. La constante amenaza de violencia obligó a los mormones a desplazarse mucho más lejos en el Oeste durante el curso de unos pocos años. Originalmente dejaron Fayette, en el estado de Nueva York, en donde Joseph Smith había fundado la religión en 1830. Después se dirigieron a Ohio, luego a Misuri y finalmente a Nauvoo, Illinois, en donde establecieron una comunidad desde 1839 hasta 1846.

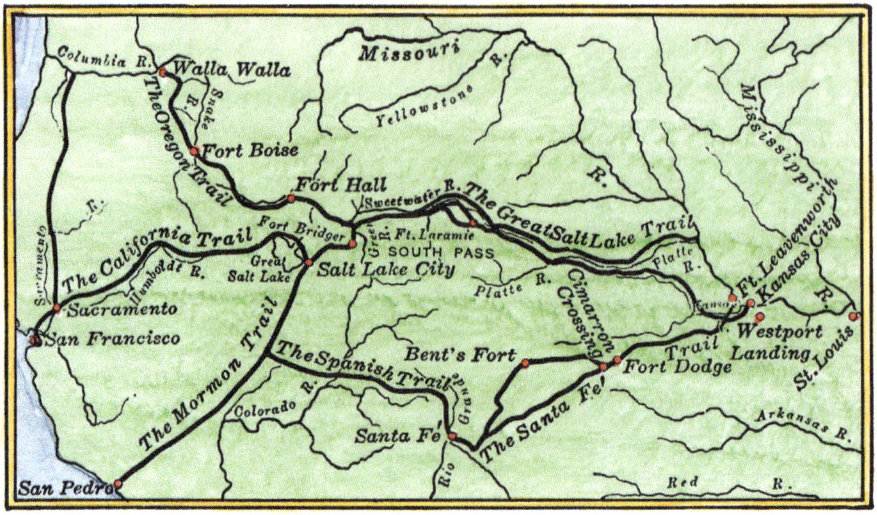

Todas las sendas más importantes del Oeste estadounidense, incluyendo las de Oregón, California, de los mormones y de Santa Fe, se ilustran en este grabado.

Después del asesinato del fundador Joseph Smith en 1844, su sucesor, Brigham Young, encabezó una migración masiva de los mormones al territorio de Utah, que era todavía parte de México. La segunda senda se extendía desde Nauvoo, atravesaba los estados actuales de Iowa, Nebraska y Wyoming, y luego se dirigía al sur hacia el valle del Gran Lago Salado. La primera oleada llegó en 1847 y se estableció en Salt Lake City. Entre 1846 y 1869, aproximadamente 70,000 mormones recorrieron la senda. Muchos lo hicieron a pie, llevando sus pertenencias en carretillas.

La vida en la senda

Los primeros emigrantes al Oeste tuvieron dificultades para llegar allí. Antes de que se completara el ferrocarril, la forma más común de transporte eran las carretas conocidas como **carretas cubiertas**. Estas carretas eran más pequeñas que la carreta Conestoga tradicional, que era muy pesada y se usaba para el transporte de mercancías, ya que no podía avanzar en los trayectos más difíciles de las sendas. Las carretas cubiertas eran mucho más livianas y necesitaban menos animales que tiraran de ellas. Funcionaban con un solo caballo, o dos. Esto significaba que había más alimento y más agua por animal durante el curso de un viaje que atravesaba un territorio en el que los recursos como el agua dulce y la tierra para el pastoreo eran escasos.

En su diario de viaje, titulado *Reminiscences of a Trip Across the Plains in '45*, la pionera Lucy Jane Hall describe cómo fue viajar a través del **árido** territorio de las Grandes Planicies camino hacia el territorio de Oregón en 1845:

> No había ni pasto ni agua que encontrar. Toda la noche, los hombres permanecieron sentados al lado de tenues fogatas, esperando una señal de quienes habían ido a buscar agua. Si se encontraba, debía hacerse una señal con tres disparos en rápida sucesión. Si no, tres disparos con cierto intervalo. Para el amanecer, aún no se había oído sonido alguno. La caravana pronto se movería a través de campos de artemisia y lechos de riachuelos secos que parecían burlarse de nuestra sed. Así viajamos hasta el mediodía, cuando de pronto... ¡oigan! Un disparo, pero no eran tres en rápida sucesión sino separados por intervalos, como un toque de campanas de difuntos. Los hombres estaban de pie, hablando de la situación, las madres, pálidas y ojerosas, estaban en las carretas, rodeadas de pequeños. Con una determinación que no conocía derrota, el grupo continuó su camino. En la noche, se dejaron oír tres disparos en sucesión, lo que proclamaba que se había hallado agua. Todos avanzaron con renovadas energías. Al ver el agua, los sedientos bueyes se dieron a la carrera y entraron en ella y bebieron hasta que hubo que espantarlos.

Un aprovisionamiento adecuado y un buen embalaje de las provisiones eran esenciales para sobrevivir al viaje. Las familias se veían obligadas a dejar atrás todo lo que poseían. Cada pulgada de espacio en la carreta estaba reservada para productos esenciales. El poco espacio que pudiera habilitarse estaba reservado para infantes, ancianos y enfermos. Los niños más grandes y los hombres y mujeres sanos y sin discapacidades hacían el viaje a pie, a los lados de la carreta.

La masacre de Whitman

Narcissa Whitman fue la primera mujer blanca en cruzar las montañas Rocallosas. Dejó su hogar al norte del estado de Nueva York en 1836 y atravesó la Senda de Oregón con su esposo, el doctor Marcus Whitman, y un grupo de otros misioneros y comerciantes de pieles. Su expedición llegó más al oeste que cualquier otra encabezada por colonos estadounidenses. Los Whitman establecieron una misión cristiana en Waiilatpu, cerca de lo que hoy es Walla Walla, en el estado de Washington. Como muchos otros de los primeros colonos cristianos, trabajaban a favor de las tribus locales: los cayuses.

Había tensión entre los colonos blancos y los pueblos nativos, en especial con el pasar de los años, y la misión Whitman se transformó en un popular punto de parada para los emigrantes blancos que transitaban la senda. Como otros pueblos indígenas, los cayuses no eran inmunes a las enfermedades europeas. Cuando surgió una epidemia de sarampión, en 1847, que acabó con la mitad de la tribu, las relaciones entre los blancos y los nativos se hicieron más tensas. Algunos nativos creían que el Dr. Whitman era el responsable de las muertes de su pueblo. El 29 de noviembre de 1847, un grupo de cayuses mató a los Whitman y a varios otros. El hecho pasó a conocerse como la masacre de Whitman y marcó el inicio de una guerra de ocho años entre los cayuses y Estados Unidos. Entonces, se publicó el libro *The Letters and Journals of Narcissa Whitman* (1836–1847) que fue ampliamente leído, y eso contribuyó a la creencia de mucha gente blanca de que los nativos americanos eran peligrosos y salvajes.

William Henry Jackson pintó la misión Whitman, cerca de 1865.

Para el viaje, las personas revisaban las publicaciones que se hacían para promover el poblamiento del Oeste. El libro *The Emigrants' Guide to Oregon and California* (1845) de Lanford W. Hastings era una de esas populares guías. Este libro, largo y detallado, brindaba información sobre el viaje a Oregón y California. Contenía detalles e información precisa sobre ambos lugares, descripciones, rutas y consejos relativos al equipo, las provisiones y los métodos de viajes.

Una familia de cuatro podía empacar los siguientes alimentos básicos: harina de trigo, café, té, bicarbonato de sodio, harina de maíz, **galletas marineras**, frijoles secos, frutas secas, carne seca, melaza, vinagre, sal, pimienta, azúcar, arroz y manteca de cerdo. Los que viajaban con animales, como gallinas y vacas, tenían huevos y leche fresca que podían usar para sus comidas también. Este extracto del

Durante la travesía hacia el Oeste, Karl Bodmer pintó con acuarelas a su grupo, acampando en el río Misuri en Dakota del Norte, en 1833.

diario del pionero James Meikle Sharp, que atravesó las Grandes Planicies con sus padres cuando apenas tenía ocho años, demuestra cómo se preparaba la mantequilla en el camino:

> Los accidentados caminos también nos ayudaban cuando llegaba el momento de batir la crema para hacer mantequilla. La crema se ponía en un recipiente y se colocaban en la carreta en la mañana. Para cuando llegaba la noche, seguramente teníamos mantequilla.

La familia promedio de cuatro miembros necesitaba traer más de 1,000 libras (454 kilogramos) de alimentos para sobrevivir al viaje. Necesitaba, además, utensilios básicos de cocina y para comer, los cuales se limitaban a una sartén de hierro, una olla de hierro, un horno reflector, una tetera, platos, tazas y otros utensilios de hojalata, fósforos y algún tipo de recipiente para líquidos (vasijas, cantimploras, cubetas y bolsas de agua hechas de lona impermeable). También eran esenciales las herramientas, para realizar reparaciones a la carreta, al igual que insumos médicos básicos, ya que no había acceso a médicos.

Cocinar, lavar la ropa, dormir y otras cosas se hacían afuera, lo que sometía a los colonos a inclementes condiciones del tiempo gran parte del trayecto. Las tiendas, sábanas y mantas eran muy básicas y no ofrecían refugio contra el clima. En una carta enviada a sus hermanas en el Este, la pionera Narcissa Whitman describe la falta de comodidad del viaje:

> Chicas, ¿cómo creen que logramos descansar al mediodía si no tenemos casa ni refugio que nos proteja del calor infernal o un sofá en el cual reclinarnos? Quizá crean que siempre acampamos a la sombra de algún enorme árbol. Pues, hasta ahora, no hemos visto nada así en todas estas semanas. Si logramos toparnos con algunos sauces o uno que otro árbol solitario, nos sentimos bendecidos, pero a menudo debemos acampar en lugares que se encuentran en la llanura abierta y, con frecuencia, en la misma arena.

CAPÍTULO
TRES

La vida de los colonos

Durante la Guerra Civil, cuando no hubo resistencia por parte de los congresistas sureños, el presidente Abraham Lincoln firmó una serie de leyes que traerían consigo la segunda oleada de inmigración hacia el Lejano Oeste. Los colonos eran pequeños granjeros provenientes de estados cercanos que querían tierras mejores y más baratas, así como inmigrantes europeos, afroamericanos que huían de la discriminación del Sur y mujeres viudas o solteras (las casadas no tenían derecho a reclamar concesiones de tierras). Era una vida difícil, pero muchos consideraban que era mejor mudarse al Oeste que sufrir las condiciones en las que se vivía en el Sur y en las pobladas ciudades industriales. La llegada de familias de colonos estadounidenses creó comunidades con servicios, comercio, industrias y gobierno en los nuevos territorios. Sin embargo muchos nativos americanos se vieron obligados a dejar sus tierras para ceder su espacio a los nuevos pobladores blancos.

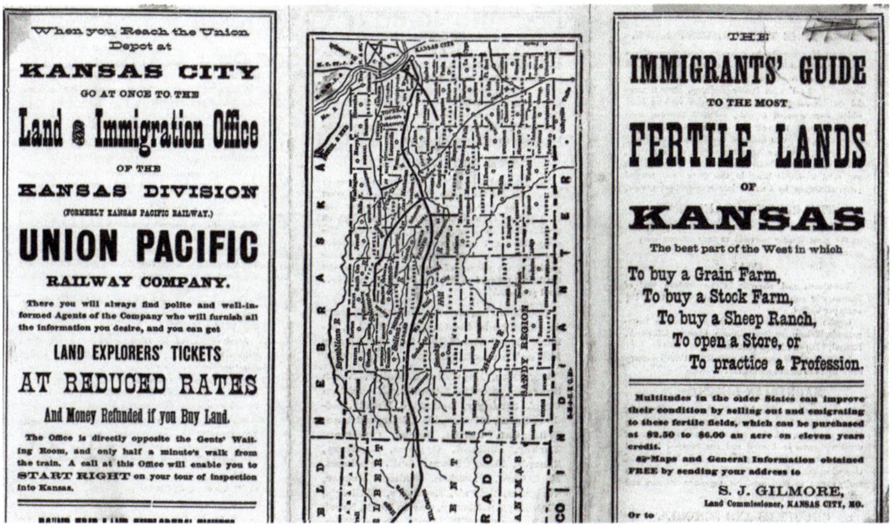

Este panfleto (aprox. de 1880) fue circulado para fomentar la colonización de Kansas. Incluye un mapa del estado e instrucciones para los inmigrantes.

El asentamiento de Kansas

En los años anteriores a la Guerra Civil, varias leyes fomentaban la colonización del Oeste. La Ley de Donación de Tierras, de la década de 1850, incentivó el poblamiento de los territorios de Oregón, Washington y Nuevo México. Mucho más importante fue la Ley de Preferencia de Compra de 1841, que permitía a los **colonos ilegales** que ocupaban tierras federales comprarlas antes de que estas estuvieran disponibles al público. Los derechos de estos ocupantes ilegales se ejercieron durante el poblamiento de Kansas y Nebraska.

En 1854, la Ley Kansas-Nebraska abrió las puertas al asentamiento de blancos en los territorios de Kansas y de Nebraska e intentó evitar el conflicto por la expansión de la esclavitud, instituyendo el concepto de **soberanía popular**. Esto permitió a los colonos de Kansas y Nebraska decidir por sí mismos si permitirían o no la esclavitud en sus territorios. Se pensaba que Nebraska, situado junto al estado libre de Iowa, y el territorio de Minesota, entraría a la Unión en calidad de estado libre, mientras que Kansas, situado junto al estado esclavista de Misuri, entraría como estado esclavista, lo cual seguiría manteniendo el equilibrio en el Congreso.

Sin embargo, hubo una alocada carrera, por parte tanto de la facción proesclavista como de la facción antiesclavista, por ocupar el territorio de Kansas, para controlar el gobierno territorial. Las facciones establecieron gobiernos rivales y el conflicto político se volvió mortal cuando los pobladores comenzaron a pelear entre sí. La migración inicial condujo a varios años de conflicto fronterizo violento entre los colonos. Conocido como "Kansas Sangriento", el conflicto fue el preludio de la Guerra Civil. El período de 1854 a 1859 fue testigo de la peor de las violencias. La disputa no se acabó oficialmente sino hasta 1861, cuando Kansas se convirtió en un estado libre, apenas pocos meses antes del inicio de la Guerra Civil.

Un fotógrafo captó a colonos contrarios a la esclavitud en Topeka, Kansas, preparándose para enfrentarse a fuerzas proesclavistas en el período de "Kansas Sangriento", en 1856.

La Ley de Asentamientos Rurales de 1862

Antes de la Ley de Asentamientos Rurales, el Gobierno federal usaba la venta de tierras públicas como fuente de ingreso. La tierra se ofrecía en forma de grandes parcelas y a un precio que el ciudadano promedio no podía permitirse o manejar. La Ley de Asentamientos Rurales, que entró en vigor el 1 de enero de 1863, permitía a las personas reclamar 160 acres (65 hectáreas) de tierra en la región de las Grandes Planicies, mucha de la cual todavía no había sido ocupada por los blancos. La ley contemplaba, en parte, que los solicitantes debían hace un **afidávit** que confirmara que:

> (…) la persona es jefe de familia, tiene 21 o más años de edad, ha prestado servicio en el ejército o en la marina de los Estados Unidos; y que nunca ha alzado sus armas contra el Gobierno de Estados Unidos, ni prestado asistencia a sus enemigos, y que dicha solicitud se hace para su uso y beneficio exclusivo, y que tal entrada es para fines de asentamiento y cultivo.

Bajo la Ley de Asentamientos Rurales, el solicitante debía pagar una cuota de registro de $10 y tendría una concesión reconocida, aunque temporal, sobre la tierra. Los solicitantes tenían seis meses para comenzar a vivir en su tierra y para cultivarla y, después de cinco años, pasarían a ser propietarios si podían demostrar que habían cumplido con los requisitos para el asentamiento. Si un solicitante cumplía con tales requisitos después de seis meses, podía comprar la tierra por $1.25 por acre a través de la cláusula de conmutación de la ley.

La primera persona en entregar una solicitud fue un soldado de la Unión, Daniel Freeman. Freeman entregó su petición el 1 de enero de 1863, el primer día en que la ley entró en vigencia, y su hogar en Beatrice, Nebraska, fue declarado monumento nacional en 1936. Después de que concluyera la Guerra Civil, la cantidad de reclamos aumentó significativamente y, para 1872, habían sido reclamados dentro los términos de la Ley

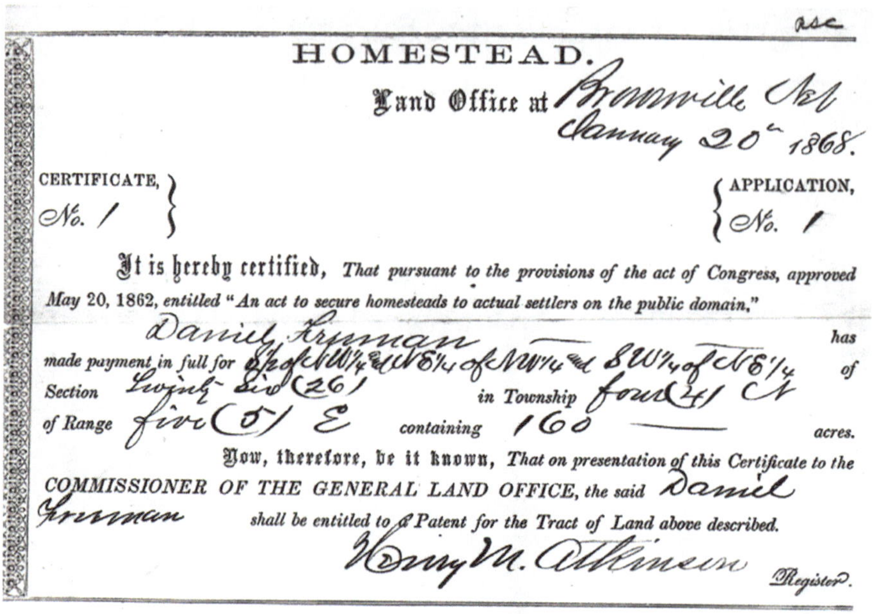
HOMESTEAD.

Land Office at Brownville Neb
January 20th 1868.

CERTIFICATE, No. 1

APPLICATION, No. 1

It is hereby certified, *That pursuant to the provisions of the act of Congress, approved May 20, 1862, entitled "An act to secure homesteads to actual settlers on the public domain,"* Daniel Freeman has *made payment in full for* [illegible] *of Section* twenty six (26) *in Township* four (4) N *of Range* five (5) E *containing* 160 *acres.*

Now, therefore, be it known, *That on presentation of this Certificate to the COMMISSIONER OF THE GENERAL LAND OFFICE, the said* Daniel Freeman *shall be entitled to a Patent for the Tract of Land above described.*

Henry M. Atkinson *Register.*

Este certificado fue emitido a Daniel Freeman, cuyo asentamiento en Beatrice, Nebraska, fue el primero en ser reclamado bajo la Ley de Asentamientos Rurales de 1862.

de Asentamientos Rurales más de 4.6 millones de acres (1.86 millones de hectáreas).

Fraude en los asentamientos

El propósito de la ley era que el solicitante viviera realmente en la tierra y realizara mejoras en esta, pero hubo muchas personas sin escrúpulos que utilizaron el sistema para sacar provecho de grandes extensiones de tierra. Los especuladores de tierras y las compañías de ferrocarriles cometieron fraude aprovechándose de vacíos legales y sobornando a los funcionarios gubernamentales de la Oficina General de Tierras.

Los especuladores de tierras sacaron provecho de la Ley de Preferencia de Compra comprando tierras antes de que el Gobierno pudiera hacer el relevamiento del terreno. También utilizaron la cláusula de conmutación y contrataron a personas para que solicitaran concesiones y vivieran en las tierras otorgadas durante seis meses. Los especuladores instalaban hogares falsos y, al pasar los seis meses, después de cumplir con la mayoría de los requisitos básicos, compraban la tierra a través de su poblador falso, quien firmaba las escrituras de traspaso sin problema. Algunos especuladores incluso llegaron a usar casuchas portátiles sobre ruedas que podían mover de propiedad en propiedad, al igual que falsos testigos para legitimarlas. Los especuladores, entonces, vendían la tierra y se quedaban con la ganancia. Estas tácticas fueron usadas por grandes compañías de las industrias agrícola, maderera y ganadera. El resultado final fue que los especuladores de tierras y las corporaciones se quedaron con la mejor tierra (la más fértil y/o la más cercana al ferrocarril) dejando al pequeño granjero estadounidense en dificultades, en lugares en los que era mucho más difícil tener éxito.

La construcción de un hogar

Uno de los requisitos para los colonos era que construyeran una vivienda. Debido a que había pocos árboles en las Grandes Planicies, muchas casas se construyeron de **barro** (la capa superficial del suelo que incluye el pasto, la tierra y las raíces). Los colonos también eran llamados *rompesuelos* debido a este método de construcción, y las

La familia Morrison construyó su hogar, una casa de barro, en el condado de Custer, Nebraska, en 1886.

casas se conocían como *soddies*, o "casas de barro" en inglés. Cortar los pedazos de suelo era una tarea difícil sin equipo mecanizado, que el colono común no poseía. El proceso de levantar una casa tomaba mucho tiempo y era una ardua tarea en la que ayudaba toda la familia, incluyendo las mujeres y los niños.

Otro tipo de vivienda era la **casa subterránea**, que se hacía cavando en una colina y creando un espacio habitable en donde el piso estaba varios pies bajo tierra. Algunos colonos que podían comprar madera construían una estructura para la casa pero, aun así, se necesitaba cortar trozos de suelo como aislante y apoyo estructural. Los suministros de construcción se tornaron más baratos y más fáciles de conseguir cuando se completó el ferrocarril transcontinental, pero muchas personas todavía usaban trozos de suelo para construir sus viviendas. Este tipo de casa necesitaba de constante limpieza, una de las muchas tareas diarias que implicaba vivir en la frontera.

Era común que las familias se asentaran en terrenos que lindaban entre sí, con el fin de aumentar el tamaño de la propiedad familiar. Al construir las estructuras necesarias en los bordes de cada propiedad individual, creaban un complejo y podían compartir las tareas domésticas y agrícolas para hacer la vida en la frontera más llevadera y menos solitaria, ya que, a menudo, no había nadie alrededor de muchas millas.

Las dificultades de la vida de los colonos

Muchas personas se fueron al Oeste creyendo en el sueño americano de la tenencia de tierra y la autosuficiencia, pero muchos fracasaron en su intento debido a las inclementes condiciones de la frontera. El clima de las Grandes Planicies dificultaba el uso de los métodos de siembra tradicionales. Las personas creían que cultivar la tierra cambiaría el clima existente (precisamente de ahí viene la frase "la lluvia sigue al arado"). Los ciclos climáticos de las planicies atravesaban períodos húmedos y secos; y muchas personas se establecían en el área durante la época húmeda, en la que las lluvias eran abundantes. Estos años húmedos (finales de la década de

1870 y principios de 1880) fueron años de buen crecimiento y muchos granjeros tuvieron un éxito inicial, solo para sufrir después cuando llegó el inevitable período seco. Hasta mediados de la década de 1890, hubo varias sequías fuertes, olas de calor y fuertes vientos que despojaron a la tierra de la capa superficial para la agricultura y la construcción. El calor, la sequía y los vientos impedían que los cultivos crecieran y mataban al ganado.

El acceso al agua potable era uno de los aspectos más difíciles de la vida en la frontera. La única fuente de agua de muchos colonos era lo que recolectaban de la lluvia y tenían que cavar sus propios pozos a mano. Sin acceso a madera que sirviera de combustible, las personas debían usar su creatividad para calentar sus hogares. Un método común usado en la calefacción y en la cocina era quemar **bosta de búfalo** (estiércol seco), que había sido recogida y transportada hasta la propiedad.

También eran comunes las enfermedades debido a las condiciones insalubres, incluyendo el agua contaminada de los pozos. Los médicos y los suministros generalmente estaban muy lejos y eran muy caros. Muchos colonos fracasaron porque no tenían dinero para los equipos y los suministros iniciales; e incluso aquellos que podían permitirse tales gastos difícilmente sacaban algún tipo de ganancia de sus cultivos, ya que las rutas comerciales estaban muy alejadas y los precios del mercado eran muy bajos debido al exceso de producción. La mecanización de los equipos agrícolas y la exploración de las concesiones de terreno favorecieron a las grandes granjas corporativas, conocidas como **granjas de bonanza**, que ponían al pequeño agricultor en gran desventaja. Los colonos frecuentemente se endeudaban y terminaban por abandonar su tierra.

Las mujeres en la frontera

La primera oleada de colonos blancos incluyó a muchas mujeres y familias que dejaron hogares y comunidades bien establecidos. Estas mujeres tenían que comenzar de nuevo, prácticamente de la nada, en lugares en donde la vida diaria

(Continúa en la página 42)

Los Exodusters

La primera oleada de emigrantes afroamericanos comenzó a finales de la década de 1870, después de que el fin de la Reconstrucción llevó al Sur las violentas y discriminatorias leyes de Jim Crow. Estos emigrantes se conocieron como "Exodusters", por su éxodo desde el Sur, y se asentaron principalmente en Kansas, Oklahoma y Texas. Uno de los líderes de esa migración fue un antiguo esclavo llamado Benjamin "Pap" Singleton, quien sería conocido luego como el Padre del Éxodo. Singleton creía que la tenencia de la granja era crucial para el éxito de los afroamericanos, que no podían prosperar en el Sur después de la Reconstrucción. Singleton y su socio, Columbus M. Johnson, fundaron una compañía llamada Edgefield Real Estate and Homestead Association para ayudar a los afroamericanos a establecerse en Kansas. Singleton usó afiches, que circularon por las comunidades afroamericanas, para animar a las personas a ir al Oeste. Entre 1877 y 1879, Singleton atrajo a más de 20,000 colonos negros a Kansas.

Uno de los primeros pueblos conformados por terrenos de concesiones a colonos negros fue Nicodemus, en Kansas, fundado en 1877 sobre el río Solomon. Al igual que los demás pioneros, debieron hacer frente a condiciones severas, pero Nicodemus era una comunidad sólida y perseverante y, para 1880, el pueblo había crecido hasta llegar a quinientas personas. Incluía una oficina de correos, un banco, una escuela, iglesias, hoteles y tiendas, y hasta tenía su propio periódico. Para 1887, tenía incluso más negocios, al igual que servicios legales, grupos de beneficencia, un equipo de béisbol, una sociedad literaria y una heladería. En un momento dado, Nicodemus esperó tener acceso al ferrocarril, pero la ruta no llegó cerca del pueblo, y Nicodemus entró en declive.

La segunda oleada de migración afroamericana hacia el Oeste ocurrió a inicios del siglo XX, después de la aprobación de la Ley Ampliada de Asentamientos Rurales,

Colonos afroamericanos, conocidos como Exodusters, posan frente a su casa en Nicodemus, Kansas.

de 1909. Esta nueva ley ofrecía a las personas más tierra (320 acres, o 130 hectáreas), pero estaba en aéreas indeseables con muy malas condiciones. Algunos de los colonos negros se marcharon más al oeste, a Colorado, y establecieron comunidades en la parte sur de Colorado conocida como "La Sequía" y en Dearfield, al norte.

estaba llena de dificultades y peligros. Las mujeres eran responsables de todas las tareas del hogar, la crianza de los niños y la fundación de las instituciones de la comunidad, tales como iglesias, escuelas y organizaciones sociales.

Tanto durante el viaje hacia el Oeste como en el nuevo hogar, las mujeres eran responsables de la preparación de la comida, de la limpieza, de la recolección de combustible (usualmente heno o estiércol). Tenían que hacer todo prácticamente desde la nada, con muy poco equipo y en condiciones deplorables. Limpiar y lavar sin buen acceso a fuentes de agua también era muy difícil. Las mujeres también enfrentaban peligros que los hombres no tenían. El embarazo y el nacimiento implicaban grandes riesgos. Muchas morían sin acceso a médicos o conocimientos médicos modernos. Las mujeres tenían muchos hijos en esos días, lo cual debilitaba aún más su salud. En la frontera, siempre había peligro

Laura Ingalls Wilder

Laura Ingalls Wilder, autora de la famosa serie de libros infantiles "La pequeña casa de la pradera", creció en el seno de una familia de pioneros. La familia Ingalls se mudó muchas veces, aprovechando la Ley de Asentamientos Rurales. Del lugar de nacimiento de Laura, en Wisconsin, la familia se mudó a Independence, en Kansas. Como muchos colonos, la familia Ingalls se asentó en tierras que pertenecían a los nativos americanos (en este caso, la nación osage). Temiendo que el ejército arrasara con los hogares establecidos ilegalmente en la región, los Ingalls volvieron brevemente a Wisconsin, y luego a Walnut Grove, en Minnesota, donde vivieron originalmente en una casa subterránea. Después de un breve periodo en Iowa, la familia se mudó a una concesión de tierra en De Smet, South Dakota, en donde Laura pasó su adolescencia y edad adulta temprana. Muchos de los libros de la serie "La pequeña casa de la pradera" se ambientan en De Smet y son novelas basadas en las propias experiencias de Laura en la frontera.

Una pionera recoge heno en su hogar de la llanura. El heno se usaba como combustible en donde no había árboles.

de perder un hijo durante el nacimiento o después, ya fuera por enfermedades o por accidentes.

Las mujeres tenían muchas responsabilidades en el asentamiento. Debían atender la huerta familiar, que era la principal fuente de alimentos. También tenían que cuidar las gallinas, cerdos y vacas lecheras; muchas trabajaban en los campos o en los ranchos si la familia necesitaba ayuda adicional. Obligadas por la necesidad, las mujeres de la frontera a menudo hacían tareas consideradas como "trabajos de hombres".

En áreas con comunidades más desarrolladas, algunas mujeres trabajaban fuera del hogar también. Eran maestras, profesionales médicas, propietarias de negocios, empleadas domésticas, lavanderas, costureras y parteras, entre otros oficios. Las mujeres estaban también a cargo del desarrollo comunitario a través del trabajo voluntario, que incluía la recaudación de fondos para crear escuelas, iglesias, hospitales y bibliotecas.

La naturaleza de la vida en la frontera hizo que las cuestiones de género fueran distintas en el Oeste respecto al Este y, como resultado, había mucho activismo femenino. Las mujeres en el Oeste participaban en movimientos nacionales, tales como la lucha por el sufragio femenino y el movimiento antialcoholismo. Las mujeres blancas del Oeste pudieron votar desde el año 1900, en los estados de Wyoming, Utah, Colorado y Idaho; veinte años antes de que la Decimonovena Enmienda concediera el derecho al voto a todas las mujeres blancas. (Las mujeres negras siguieron luchando por la igualdad de voto hasta finales de la década de 1960).

Debido a que la Ley de Asentamientos Rurales permitía que las mujeres solteras hicieran su propia solicitud de concesión de tierras, el Oeste era un lugar en donde las mujeres podían ser independientes. Elinore Pruitt Stewart, viuda, con un hijo pequeño, se mudó a Wyoming en 1909 y presentó una solicitud de tierras. Ella escribió a sus amigos sobre sus experiencias, en cartas publicadas en la revista *Atlantic Monthly* y luego bajo el título *Cartas de una mujer pionera*. Aquí, Stewart describe la independencia que el asentamiento en tierras otorgadas por concesión representó para las mujeres diligentes:

> Para mí, las concesiones son la solución a todos los problemas de la pobreza, pero me doy cuenta de que el temperamento tiene mucho que ver en cualquier empresa, y que las personas que temen a los coyotes, el trabajo y la soledad no deberían ocuparse de ranchos. A la vez, cualquier mujer que pueda soportar su propia compañía, pueda apreciar la belleza del atardecer, ame sembrar y esté dispuesta a dedicar tanto tiempo a labores de cuidado, como lavar la ropa, ciertamente será una persona exitosa: será independiente, tendrá siempre comida en abundancia y, a fin de cuentas, un hogar propio.

CAPÍTULO CUATRO

Consecuencias del asentamiento

La rápida expansión de Estados Unidos en el siglo XIX cambió la faz de la nación de diversas maneras. La apertura del Oeste permitió la culminación del ferrocarril transcontinental, que transformó la economía de Estados Unidos. El poder del Gobierno federal se expandió con la adquisición de los nuevos territorios. El poblamiento de nuevas regiones obligó a los colonos a adaptarse y trajo consigo innovación tecnológica, pero también trajo cambios en el medioambiente, a veces con efectos desastrosos. Pero de todas las consecuencias de la expansión, la más devastadora fue el genocidio de nativos americanos y el traslado forzoso de los pueblos nativos sobrevivientes a reservas administradas por el Gobierno.

Traslado forzoso de los indios

La idea de que los estadounidenses protestantes blancos eran los únicos calificados para "civilizar" a otras culturas (no blancas) fue usada durante mucho tiempo por el Gobierno de Estados Unidos para justificar el traslado forzoso de los indios y las políticas de asimilación a lo largo del siglo XIX. La idea no era nueva: ya las facciones a favor de la esclavitud habían usado ese argumento durante años como forma de justificar la existencia continua de la esclavitud en un país creado sobre el principio de que todos los hombres eran creados iguales. Sin embargo, este principio fundador no se aplicaba a los ciudadanos que no eran blancos. Y en el contexto de la expansión hacia el Oeste, esto era especialmente cierto en el tratamiento de las tribus nativoamericanas. Los estadounidenses blancos, especialmente los políticos, promovían la idea de que los pueblos indígenas eran salvajes que necesitaban ser civilizados. Sin embargo, esto era solo un medio de volver a la opinión popular en contra de ellos y de justificar las agresivas políticas de traslado forzoso.

En 1829, Andrew Jackson se convirtió en el primer presidente originario del Oeste. Provenía del antiguo estado fronterizo de Kentucky y, durante su carrera militar, se había enfrentado y había matado a muchos nativos americanos. Jackson firmó la Ley de Traslado Forzoso de los Indios de 1830, la cual daba al presidente la potestad de negociar tratados para el traslado forzoso de los nativos americanos que vivían al este del río Misisipi y les otorgaba tierras en el Oeste. Estas tierras, en la región de las Grandes Planicies, eran áridas, a diferencia de los fértiles territorios del Este donde habían nacido. Algunas tribus se fueron voluntariamente, pero muchas fueron presionadas a hacerlo mediante la firma de tratados. Muchos se resistieron y, durante todo el siglo XIX, el Gobierno de Estados Unidos estuvo en guerra continua con las tribus nativoamericanas que se negaban a irse sin ofrecer resistencia.

La Ley de Apropiación Indígena de 1851 preparó el terreno para un mayor poblamiento blanco del Oeste. Creó el **sistema de reservas**, que estableció áreas definidas para las tribus en un Territorio Indio designado (la mayoría, en el actual estado de Oklahoma). El Gobierno de Estados Unidos prometió proveer protección, al igual que dinero, alimentos, ganado y equipos agrícolas, pero a menudo no cumplió con tales obligaciones. Había muchos agentes corruptos en la Oficina de Asuntos Indígenas.

El sistema de reservas se usó como medio para asimilar a los

Alumnos egresados de la institución para nativos americanos Carlisle Indian Industrial School de Pensilvania, fotografiados hacia 1890.

pueblos nativos a la sociedad cristiana blanca y para despojarlos de su identidad tribal. El Gobierno de Estados Unidos operaba internados y exigía a todos los niños nativoamericanos que asistieran. Los niños eran separados de sus padres y de sus ancianos tribales, (los custodios de la cultura, el idioma y las tradiciones nativas); y se los obligaba a ajustarse a las reglas de indumentaria, idioma y culto religioso de los blancos. Ni siquiera tenían permitido seguir usando sus propios nombres tribales.

La Ley de Asentamientos Rurales abrió aún más territorios indios para el asentamiento de los blancos, lo cual condujo a frenéticas cacerías de tierra en partes de Oklahoma y en las Dakotas, a finales del siglo XIX. Muchas de las tribus de estas áreas ya habían sido reubicadas desde sus tierras nativas, en el Este, a inicios del siglo XIX; se produjeron enfrentamientos constantes entre las tribus de todas las regiones abiertas al asentamiento y los nuevos pobladores blancos y las fuerzas del ejército de Estados Unidos. Los derechos de asentamiento se abrieron finalmente a los nativos americanos, pero las personas solo podían participar si abandonaban su tribu y se asimilaban a la sociedad blanca.

La Ley de Apropiación Indígena de 1871 despojó a las tribus de su condición de naciones independientes y la Ley de Dawes de 1887, también conocida como Ley de Adjudicación General de Tierras, llevó las cosas mucho más lejos:

> En todos los casos en los que cualquier tribu o grupo de indios haya sido o sea, a partir de este momento, reubicado en una reserva creada para su uso, ya sea mediante lo dispuesto en un tratado o en virtud de una ley del Congreso o una orden ejecutiva que establezca tal reserva para su uso, el presidente de Estados Unidos está autorizado, por el presente documento, siempre que en su opinión una reserva, o parte de esta, de tales indios sea ventajosa para fines agrícolas, a hacer que tal reserva sea inspeccionada y medida, o vuelta a inspeccionar y a medir si es necesario, y a adjudicar tal tierra de dicha reserva de manera indistinta a cualquier indio ubicado en dicha tierra.

El Gobierno de Estados Unidos dividió las antiguas tierras tribales en parcelas de 160 acres (65 hectáreas) y las puso a disposición de los individuos nativoamericanos. Sin embargo, en lugar del mismo plan de cinco años dado a los colonos, los nativos americanos no podían ser propietarios de las tierras por veinticinco años. Hasta entonces, la tierra pertenecía al Gobierno de Estados Unidos. Estas leyes despojaron a los nativos americanos del poder de la unidad tribal. Aquellos que no murieron en la guerra o por enfermedades, perdieron su tierra y su identidad cultural.

Sin otro medio para resistirse al asentamiento de sus tierras, algunas tribus fueron a la guerra. Después de la Guerra Civil, los militares estadounidenses se concentraron principalmente en luchar contra las tribus nativoamericanas y la mayoría del ejército se encontraba en el Oeste. El período de las guerras Indias se prolongó hasta finales del siglo XIX y culminó con la masacre de los siux en Wounded Knee, Dakota de Sur, en 1890.

La carrera por la tierra de Oklahoma, la primera de estas carreras para reclamar tierras no asignadas pertenecientes a los nativos americanos, comenzó al mediodía del 22 de abril de 1889.

Culminación del ferrocarril transcontinental

El principal propósito de Estados Unidos para cumplir su Destino Manifiesto, mediante la expansión de su territorio hacia el Pacífico, era la construcción del ferrocarril transcontinental. Este abrió nuevas rutas comerciales internas y permitió el comercio internacional con Asia. También acortó el viaje hacia el Oeste, lo cual incentivó un mayor poblamiento, al igual que los viajes de placer. Por primera vez, fue posible que las personas del Este fueran a pasar vacaciones o visitaran a familiares en el Oeste.

Cuando se terminó el ferrocarril transcontinental en 1869, ir de Nueva York a San Francisco tomaba ocho días: un viaje que antes habría tomado seis meses. El precio de un boleto de tren era mucho menor que el de un prolongado viaje en carreta. Las compañías de ferrocarriles promovían el asentamiento, al igual que el uso de sus trenes, a través de avisos y folletos que buscaban atraer a nuevos pobladores, especialmente inmigrantes, al Oeste. Los estados mismos promovían el asentamiento por parte de inmigrantes europeos. California, Montana, Washington, Oregón, Nuevo México y Colorado publicaban material que describía en gran detalle lo que ofrecían a posibles residentes. La existencia del ferrocarril y la invitación de los estados del Oeste, provocó que muchos inmigrantes no consideraran las ciudades del Este después de llegar a Ellis Island, y se dirigieran al Oeste para formar sus nuevas comunidades, enclaves culturales en los que podrían mantener parte de su cultura y tradiciones.

Una publicidad de 1911 del Departamento del Interior promueve la venta de tierras nativoamericanas.

El daño medioambiental

La conquista del Oeste abrió la tierra misma a la explotación por medio de industrias de extracción como la minería, la pesca, la tala maderera, la ganadería y la siembra en los ranchos. Estas industrias quitaban a la tierra sus recursos naturales y causaban contaminación. Esto fue así, especialmente en las Grandes Planicies, donde las prácticas agrícolas provocaron la destrucción de los pastizales naturales y la erosión del suelo. La minería industrial contaminaba las aguas, mientras que el pastoreo excesivo y la deforestación causaban la pérdida del hábitat de la fauna local, al igual que cambios en el suelo y el clima en las regiones en las que ya no había árboles. Al desaparecer los árboles, no había nada que protegiera el suelo del calor del sol o que preservara su humedad. Esto afectaba tanto a la calidad del suelo como al ciclo del agua, lo cual, a su vez, cambiaba el clima de la región. La pesca y la caza excesivas pusieron a muchas especies al borde de la extinción, pero a ninguna de ellas tan rápida y agresivamente como a los bisontes.

Los avances tecnológicos

La mecanización del equipo agrícola durante la expansión del siglo XIX incluyó el arado de acero y la segadora mecánica, lo

La matanza de bisontes

Antes de la expansión hacia el Oeste, el número de bisontes en los Estados Unidos (a menudo erróneamente llamados búfalos) se estimaba en, al menos, treinta millones. Hacia finales del siglo XIX, casi estaban extintos. Varios factores contribuyeron a hacer del bisonte una especie en peligro de extinción. Una de las tácticas de la política de traslado forzoso de los indios usada por los Estados Unidos era destruir los recursos. Debido a que los indios de las Planicies dependían de los bisontes como principal fuente de alimento y pieles, el Gobierno apuntó al exterminio de la población de bisontes para obligar a los pueblos nativos a abandonar las Grandes Planicies y poner este territorio a disposición de nuevos pobladores. Los colonos que se mudaron comenzaron a cultivar la tierra y destruyeron así el hábitat de pastizales naturales de los bisontes, mientras que la expansión del ferrocarril produjo un cambio en los patrones migratorios de los animales.

Esta foto, de mediados de la década de 1870, muestra a un hombre de pie sobre cráneos de bisontes.

La demanda de pieles de bisonte siempre era alta, ya que se utilizaban para la fabricación de cuero, y el acceso al ferrocarril permitió un mayor desarrollo de su comercio. Si bien los nativos americanos que dependían del bisonte no desperdiciaban la menor parte de este animal, por lo que no tenían necesidad de cazarlos excesivamente, muchos cazadores a sueldo solo necesitaban la piel y dejaban que el resto se descompusiera. Esto también era cierto para los cazadores deportivos, que podían pagarse un viaje a tierras de bisontes en ferrocarril y cazarlos fácilmente con armas de fuego.

que permitía que se cubriera más tierra con menos trabajadores. Esto era bueno para las operaciones a gran escala, pero no para el granjero independiente.

En las Grandes Planicies, en donde el agua era escasa, las personas usaban molinos de viento para sacar agua de los pozos. El molino Halladay, con aspas de acero, se inventó en 1854 y sigue siendo común en los campos de las Grandes Planicies y el Medio Oeste. La falta de árboles madereros hizo difícil que los colonos cercaran una tierra que no tenía fronteras naturales. Sin embargo, en 1867 se inventó el alambre de púa, de acero y a bajo costo, como alternativa a las cercas de madera o piedra. Las alambradas ayudaban a los nuevos residentes a mantener su ganado encerrado, a proteger sus cultivos del ganado que andaba libremente, y a designar los límites de su propiedad. Las alambradas fueron usadas ampliamente en el Oeste.

El vagón refrigerado fue uno de los inventos más significativos del período. Hizo posible transportar, de un lado del país al otro, artículos perecederos como productos vegetales, lácteos y, especialmente, carne. Ya no era necesario que los rancheros llevaran a sus animales vivos en tren para que la carne llegara a los mercados del Este.

Debido a que muchos colonos vivían en áreas remotas sin acceso a tiendas y comercios, los catálogos de ventas por correo pasaron a ser una manera muy popular de adquirir productos manufacturados a precios razonables. La popularidad de catálogos de ventas por correo como los de Montgomery Ward y Sears, Roebuck & Co. se debía al hecho de que comprar productos manufacturados permitía a la mujer de la frontera ahorrar el tiempo y energía que tomaba fabricar la ropa desde el principio. Otros artículos populares que se pedían por catálogo eran los muebles y las herramientas de trabajo.

El telégrafo fue el desarrollo más importante de principios del siglo XIX en comunicaciones de larga distancia. Desarrollado por Samuel Morse en las décadas de 1830 y 1840, el telégrafo eléctrico era una alternativa fácil y rápida a las cartas escritas, las cuales podían tomar muchas semanas para ser entregadas a lugares

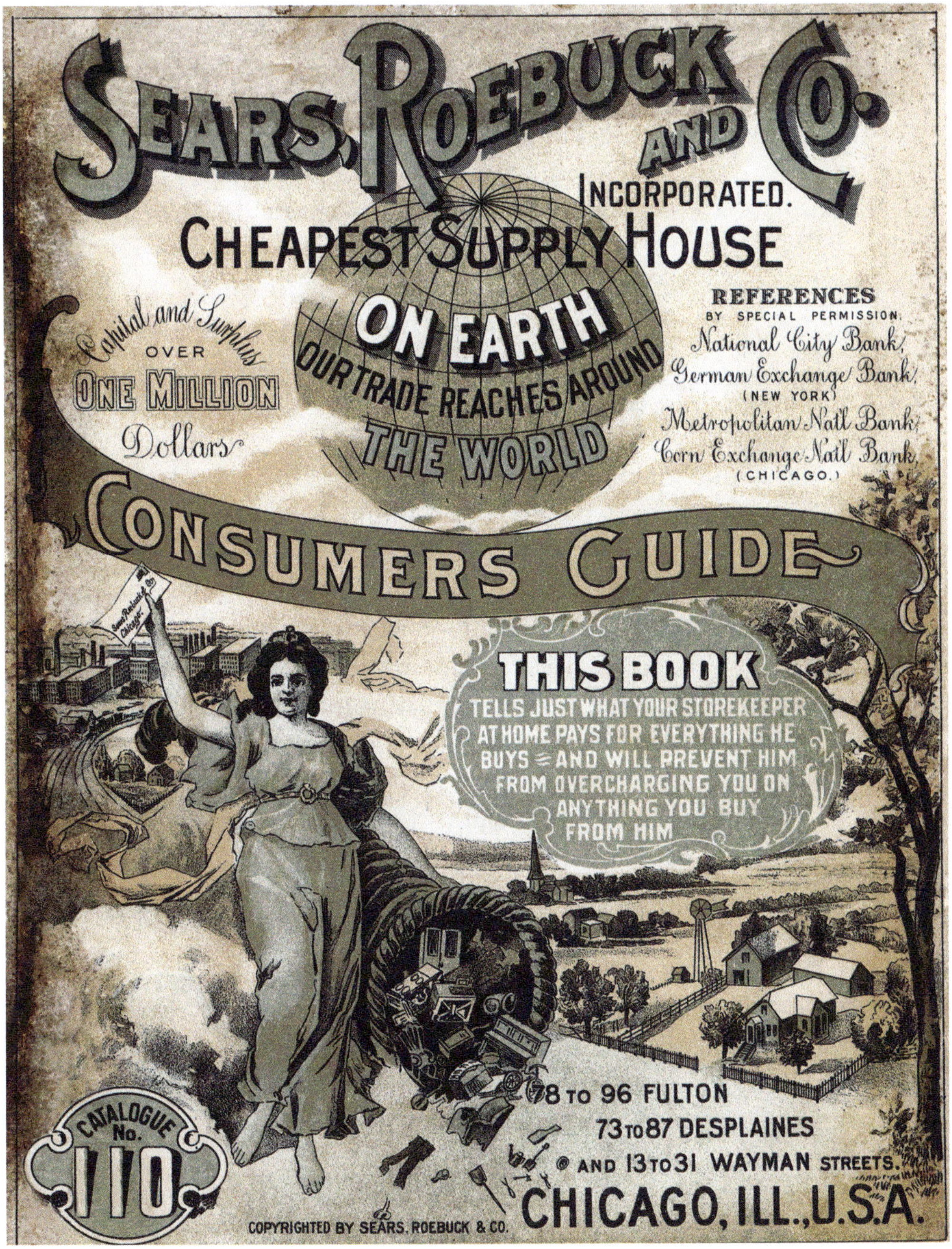

Muchos colonos usaban catálogos de ventas por correo como esta *Guía del consumidor* de Sears, Roebuck & Co., de 1900, para adquirir insumos básicos en áreas rurales en donde no había acceso a bienes de consumo.

distantes en todo el país. El telégrafo usaba cables y electricidad para transmitir mensajes rápidamente. Los operadores usaban el código Morse, en el que cada número y cada letra del alfabeto tenían asignada una señal propia. El telégrafo transcontinental estuvo listo en 1861. Toda la Constitución de Nevada fue enviada por telégrafo a Washington, D. C., el 26 de octubre de 1864. Su veloz llegada permitió que Nevada fuera admitido en la Unión antes de las elecciones y los votos del nuevo estado ayudaron a reelegir a Abraham Lincoln.

Expansión del poder federal

Desde el inicio, el Gobierno federal fomentó la expansión hacia el Oeste. A medida que Estados Unidos adquiría más territorio, el poder y la influencia del Gobierno también se hizo mayor. El Gobierno controlaba los territorios antes de que fueran aceptados como estados de la Unión. La política relativa a los nativos americanos fue establecida y puesta en práctica por el Gobierno federal a través del ejército de Estados Unidos y la mayoría del personal militar se encontraba apostado en el Oeste después de la Guerra Civil. Existía una enorme presencia federal en la vida de los habitantes del Oeste. Había muchos puestos militares, y personal militar también, para proteger a los colonos blancos de, según creían, una constante amenaza de ataque por parte de los nativos americanos.

El Gobierno también controlaba toda la tierra para el ferrocarril transcontinental y decidía su ruta. Designaba a todos los principales funcionarios dentro de los gobiernos territoriales, al igual que todos los empleados federales, tales como los trabajadores del servicio postal, administradores de fincas, ingenieros del ejército, alguaciles, representantes para asuntos indígenas y agentes de aduana. El Gobierno federal ahora es propietario y opera más de 630 millones de acres (255 millones de hectáreas) de tierra en el Oeste, gran parte de la cual ha sido designada tierra pública o parque nacional.

Cronología

Las fechas en verde corresponden a hechos discutidos en este volumen.

20 de mayo de 1785: Se aprueba la Ordenanza de Tierras de 1785 que crea un sistema de exploración y medición de los nuevos territorios adquiridos por Estados Unidos.

13 de julio de 1787: Se aprueba la Ordenanza del Noroeste, que crea el Territorio del Noroeste y establece un sistema de gobierno y los pasos para que los territorios se conviertan en estados.

20 de octubre de 1803: El Senado de Estados Unidos ratifica la Compra de la Luisiana, lo que duplica el tamaño de Estados Unidos y da a los pobladores blancos pleno acceso al río Misisipi y al puerto de Nueva Orleans como rutas comerciales.

24 de agosto de 1821: México logra su independencia del Gobierno colonial español.

28 de mayo de 1830: El presidente Andrew Jackson firma la Ley de Traslado Forzoso de los Indios. Esta le da al presidente la potestad de negociar tratados para el traslado de los nativos americanos que viven al este del río Misisipi.

25 de mayo de 1836: Los misioneros protestantes Marcus y Narcissa Whitman se unen a una caravana de carretas para viajar al País del Oregón. Fundan una misión cerca del área actual de Walla Walla, estado de Washington.

2 de marzo de 1836: La República de Texas logra su independencia de México.

4 de septiembre de 1841: Se aprueba la Ley de Preferencia de Compra, que daba derechos a los ocupantes ilegales de tierras que no habían sido medidas por el Gobierno de Estados Unidos.

1843: John Charles Frémont hace un levantamiento de lo que llegará a ser la Senda de Oregón. A lo largo de esta ruta ocurriría la primera migración masiva de pioneros hacia el territorio de Oregón. El Gobierno provisional de Oregón permite a las parejas de nuevos pobladores reclamar 640 acres (259 hectáreas) de tierra.

1 de marzo de 1845: El Congreso de los Estados Unidos ratifica el tratado de anexión de Texas.

10 de febrero de 1846: La primera migración masiva de mormones deja Nauvoo, en Illinois, para iniciar su viaje hacia el valle Great Salt Lake en Utah. El viaje concluye el 24 de julio de 1847.

15 de junio de 1846: El tratado de Estados Unidos con Gran Bretaña pone fin a la disputa por las fronteras del territorio de Oregón.

24 de enero de 1848: Se descubre oro cerca de Coloma, California. La confirmación del hallazgo por parte del presidente James K. Polk, en diciembre de 1848, desencadena una migración masiva hacia California en 1849.

2 de febrero de 1848: Se firma en México el Tratado de Guadalupe-Hidalgo, que pone fin a la guerra mexicano-estadounidense. El tratado también le otorga a Estados Unidos el territorio de la cesión mexicana.

9 de septiembre de 1850: California entra a la Unión como estado no esclavista.

27 de septiembre de 1850: Se aprueba la Ley de Donación de Tierras para promover el asentamiento del territorio de Oregón.

27 de febrero de 1851: Se aprueba la Ley de Apropiación Indígena, que crea el sistema de reservas y prepara el terreno para un mayor poblamiento por parte de los blancos.

30 de mayo de 1854: La Ley Kansas-Nebraska crea los territorios de Kansas y de Nebraska, lo cual provoca una guerra civil en Kansas entre colonos a favor de la esclavitud y colonos en contra de ella.

20 de mayo de 1862: Se aprueba la Ley de Asentamientos Rurales. Esta otorga 160 acres (65 hectáreas) de tierra a los pobladores que cumplan con los requerimientos de residencia y mejoramiento.

3 de marzo de 1873: El presidente Ulysses S. Grant firma la Ley de Cultivo de Árboles Madereros, la cual permite a los colonos obtener 160 acres (65 hectáreas) de tierra adicionales si plantan árboles en cierto porcentaje de sus terrenos.

18 de abril de 1877: Se establecen en la localidad de Nicodemus, estado de Kansas, afroamericanos que serían conocidos como "*exodusters*".

2 de abril de 1889: Aproximadamente 50,000 personas, conocidas como Boomers, emprenden una carrera hacia el centro de Oklahoma para reclamar 2 millones de acres (809,371 hectáreas) de territorio indio abierto a los colonos.

2 de junio de 1890: Comienza a hacerse el censo de Estados Unidos, con hallazgos que muestran el límite de la frontera estadounidense.

Glosario

afidávit declaración hecha por escrito y bajo juramento.

agrícola relacionado con la granja o cultivo de tierras.

árido clima seco con poca lluvia para mantener la agricultura.

asentarse acto de adquirir una extensión de tierra pública, del Gobierno de Estados Unidos, a menudo de 160 acres (65 hectáreas), a través de la entrega de una solicitud y con el propósito de habitar el trayecto y cultivar la tierra.

barro la capa superficial de la tierra que incluye el pasto, la tierra en sí y las raíces.

bosta de búfalo estiércol seco usado como combustible en áreas sin acceso a madera.

carretas cubiertas carretas usadas por los pioneros del siglo XIX para atravesar las grandes praderas de América del Norte.

casa subterránea forma de vivienda cavada por los colonos en la ladera de una colina, en las áreas donde no había madera disponible para la construcción.

colonos ilegales pioneros que se asentaron en tierras, y las mejoraron, mucho antes de que fueran exploradas y medidas por el Gobierno de Estados Unidos.

cultivos comerciales cultivos producidos para la venta y la obtención de ganancias, en lugar de ser usados solo por el granjero.

Destino Manifiesto creencia de que la expansión de Estados Unidos a través del continente americano era justificada y ordenada por Dios.

empresario persona que entablaba un contrato con el Gobierno español o mexicano para el asentamiento de colonos en Texas a cambio de grandes concesiones de tierra.

especulador de tierras persona que compraba grandes cantidades de tierra en el Oeste para revenderla luego a un precio más elevado.

galletas marineras pan o galletas duras y secas.

granjas de bonanza granjas corporativas con producción a gran escala y fácil acceso a rutas de envío.

horno reflector contenedor de metal, usualmente de hojalata, diseñado para cocinar alimentos. Al estar cerrado por todos los lados excepto uno, captura el calor de una hoguera y lo refleja hacia el alimento.

milenarismo creencia de que divulgar el cristianismo protestante por todo el continente americano purificaría la nación y traería de vuelta a Cristo y mil años de paz.

rendezvous reunión celebrada una vez por año en parajes salvajes que incluía grandes intercambios de pieles y productos.

sistema de reservas sistema impuesto por el Gobierno de Estados Unidos que establecía las fronteras del territorio de cada tribu nativoamericana.

soberanía popular principio que permitía a las personas que vivían en un territorio determinar sus propias leyes, especialmente en cuanto a la esclavitud.

yeoman persona que posee y cultiva una granja pequeña.

Para más información

Libros

Musolf, Neil. *The Split History of Westward Expansion in the United States.* North Mankato, MN: Compass Point Books, 2012.

Peavy, Linda, and Ursula Smith. *Pioneer Women: The Lives of Women on the Frontier.* Norman, OK: University of Oklahoma Press, 1996.

Roza, Greg. *Westward Expansion.* Story of America. New York: Gareth Stevens Publishing, 2011.

Wade, Mary Dodson. *Homesteading on the Plains.* Minneapolis, MN: Millbrook Press, 1997.

Sitios web

Diaries, Memoirs, Letters, and Reports Along the Trails West
http://www.over-land.com/diaries.html
Amplia colección de escritos de exploradores y colonos que realizaron la travesía hacia el Oeste.

Digital History: Pre–Civil War Era
http://www.digitalhistory.uh.edu/era.cfm?eraID=5&smtid=2
Recurso en línea que provee un contexto histórico para la expansión hacia el Oeste, documentos de fuente primaria relacionados con la época y artículos sobre los pioneros y la vida en la sendas.

PBS: Frontier Life
http://www.pbs.org/wnet/frontierhouse/frontierlife/index.html
Excelente recurso para obtener información sobre el asentamiento de la frontera. Comprende muchas fuentes primarias, incluyendo entradas en diarios, fotografías, artículos de periódico y documentos gubernamentales.

Bibliografía

Libros

Butler, Anne M., and Michael J. Lansing. *The American West: A Concise History.* Malden, MA: Blackwell Publishing, 2008.

Greenberg, Amy S., ed. *Manifest Destiny and Territorial Expansion: A Brief History with Documents.* Boston: Bedford/St. Martin's, 2012.

Hine, Robert V., and John Mack Faragher. *The American West: A New Interpretive History.* New Haven, CT: Yale University Press, 2000.

Milner, Clyde A., II, Carol A. O'Connor, and Martha A. Sandweiss, eds. *The Oxford History of the American West.* New York: Oxford University Press, 1994.

Moulton, Candy. *The Writer's Guide to Everyday Life in the Wild West from 1840–1900.* Cincinnati, OH: Writer's Digest Books, 1999.

Peavy, Linda, and Ursula Smith. *Pioneer Women: The Lives of Women on the Frontier.* Norman, OK: University of Oklahoma Press, 1996.

Quay, Sara E. *Westward Expansion.* Westport, CT: Greenwood Press, 2002.

Wade, Mary Dodson. *Homesteading on the Plains.* Minneapolis, MN: Millbrook Press, 1997.

Artículos en línea

Hall, Lucy Jane. "Reminiscences of a Trip Across the Plains in '45." Oregon Pioneer Biographies. Obtenido el 24 de noviembre de 2016. http://www.rootsweb.ancestry.com/~orgenweb/bios/plains.html.

Whitman, Narcissa. "The Letters and Journals of Narcissa Whitman, 1836–1847." Archives of the West. Obtenido el 24 de noviembre de 2016. http://www.pbs.org/weta/thewest/resources/archives/two/whitman1.htm.

Wrenn, Sara B., and Mrs. J. R. Bean. "Overland Trail Lore and Early Life," January 31, 1939. US Work Projects Administration, Federal Writers' Project. https://www.loc.gov/item/wpalh001963.

Índice

Los números de página en **negritas** son ilustraciones. Las palabras en **negritas** son términos en el glosario.

afidávit, 35
agrícola, 12
árido, 27, 46
asentamiento de la frontera
afroamericanos y, 32, 40–41, **41**
asentarse, 6–7, 32, 35–44, **37**, **41**, **43**, 47–48, 52

barro, 37–39, **37**
bisonte, 51–52
bosta de búfalo, 39

casa subterránea, 38, 42
catálogos de ventas por correo, 52, **53**
cesión mexicana, 5, 20, 24
colonos ilegales, 33
comercio de pieles, 21–24, 28
Compra de la Luisiana, 5, 11–12, 14, 16, 20
Compromiso de Misuri, 14
cultivos comerciales, 11

Destino Manifiesto, 8
Doctrina Monroe, 14–15

empresario, 16
equipo agrícola mecanizado, 39, 52
esclavitud, 8, 10, 14, 16–17, 20, 33–34, 40, 46
especulador de tierras, 11, 36–37
Exodusters, 40, **41**
expedición de Lewis y Clark, 12, 21

ferrocarriles, 7, 26, 36–38, 40, 45, 49–52, 54
Frémont, John C., 23
fiebre del oro, 24–25

galletas marineras, 29
granjas de bonanza, 39
Guerra Civil, 6, 32–35, 48, 54
guerra mexicano-estadounidense, 18, 20, 25

horno reflector, 31

Ingalls Wilder, Laura, 42

Jackson, Andrew, 46
Jefferson, Thomas, 11–12

Kansas Sangriento, 34, **34**

Ley de Asentamientos Rurales, 6, 35–37, 42, 44, 47

Ley de Donación de Tierras, 6, 33
Ley de Kansas-Nebraska, 33–34
Ley de Preferencia de Compra, 33, 36
Ley de Traslado Forzoso de Indios, 46
Lincoln, Abraham, 32, 54
literatura, 23–24, 42

manual, 23, 29
Masacre de Wounded Knee, 49 medicina, 31, 39, 42–43
milenarismo, 13
misión Whitman, 28, **29**
mormones, 6, 25–26

Nicodemus, Kansas, 40, **41**

Ordenanza del Noroeste, 9–10
Polk, James K., 18–20, **19**
prairie schooner, **6**, 26

Senda de Oregón, 6, 21–24, **24**, **26**, 28–29

rendezvous, 22–23, **22**
Revolución Industrial, 8, 14

Segundo Gran Despertar, 12–13, **13**
economía y, 7, 10–11, 36–37, 39
estadísticas, 6–7, 23, 26, 40
impacto medioambiental, 7, 45, 50–52
legislación que promovía, 6, 32–33, 35–37, 41, 44, 47–48
mujeres y, 28, 32, 39, 42–44, **43**
nativos americanos y, 7, 28, 32, 42, 45–49, 50
primeros asentamientos, 9–11, 16, 21–23
proceso migratorio, **6**, 21, 23–27, **24**, **26**, 29, **30**, 31, 49–50
religión y, 12–13, 23, 25–26, 28
vida diaria, 7, 32, 37–40, 37, 42–44
Singleton, Benjamin , 40
sistema de reservas, 45–48
soberanía popular, 33–34
sufragio de la mujer, 43–44

telégrafo, 52, 54
Texas, 16–20, 40

yeoman, 12

Acerca del autor

ALISON MORRETTA tiene un título universitario en inglés y escritura creativa de Kenyon College en Gambier, Ohio, donde estudió Literatura e Historia de los Estados Unidos. Ha escrito muchos libros de ensayo para estudiantes de escuelas intermedias y superiores sobre temas como la literatura estadounidense, el movimiento abolicionista, la era de los derechos civiles y la islamofobia. Vive en la ciudad de Nueva York con su querido esposo, Bart, y un revoltoso pero consentido corgi llamado Cassidy.